ÉTUDE
PSYCHO-PHYSIOLOGIQUE

SUR

L'AMOUR

PAR

Le Docteur Jules ROGER

CHEVALIER DE SAINT-GRÉGOIRE-LE-GRAND

Aimer et être aimé, secret du
bonheur de la vie !

PARIS

J.-B. BAILLIÈRE ET FILS

LIBRAIRES-ÉDITEURS

19, RUE HAUTEFEUILLE, 19

1899

ÉTUDE

PSYCHO-PHYSIOLOGIQUE

SUR

L'AMOUR

HAVRE. — IMPRIMERIE DU COMMERCE, 3, RUE DE LA BOURSE

ÉTUDE

PSYCHO-PHYSIOLOGIQUE

SUR

L'AMOUR

PAR

Le Docteur Jules ROGER

CHEVALIER DE SAINT-GRÉGOIRE-LE-GRAND

Aimer et être aimé, secret du
bonheur de la vie !

PARIS

J.-B. BAILLIÈRE ET FILS

LIBRAIRES-ÉDITEURS

19, RUE HAUTEFEUILLE, 19

——

1899

ÉTUDE

PSYCHO-PHYSIOLOGIQUE

SUR

L'AMOUR

I

J'ai soixante ans, trente années de pratique professionnelle ; j'ai beaucoup travaillé, j'ai reçu bien des confidences, j'ai porté partout cet esprit d'observation qui est dans l'essence même de notre profession, et qui, seul, fait le clinicien capable, et j'ai écrit ce qui suit.

Être médecin, c'est chercher avant tout à être utile. En publiant cette étude, psycho-physiologique sur l'amour, je suis convaincu de l'être encore.

Sujet toujours délicat à traiter ; mais de même que le nu dans les arts n'a jamais été une atteinte portée à la pudeur, et que c'est l'esprit mauvais qui, seul, en dénature la portée, de même l'amour, en toutes ses libertés, ne porte jamais atteinte à la pudeur quand l'esprit reste toujours simple et droit.

A tous les jeunes ménages, je dédie ce travail.

II

Le professeur Grasset, de Montpellier, a fait paraître, en 1896, une étude intéressante sur Boissiers de Sauvages qui fut surnommé: *Le médecin de l'amour*.

Un seul chapitre de ce livre attachant et bien étudié m'arrêtera : le chapitre II, p. 101, intitulé: *ses théories sur l'amour* (1).

En le commentant, nous y apporterons quelques développements, non peut-être, *ad usum puellæ*, bien qu'encore ici un peu plus de connaissances ou de réflexions sur ces matières, qui deviennent un jour pour beaucoup leur devoir et leurs obligations, leur eussent été souvent utiles, mais à tous qui sortent de ce cadre restreint.

(1) *Le Médecin de l'amour au temps de Marivaux*. Étude sur Boissiers de Sauvages, Paris, Masson, 1896.

III

Et d'abord quelle est l'étymologie du mot amour ?

Ici, le développement donné par Sauvages est tout à fait *ludicer*.

« L'amour, du mot grec *moria* ou folie, ou encore de héros (ce que tous les héros ont aimé), est dit par quelques-uns *glucomoria*, c'est-à-dire une démence douce ; et cela à bon droit. Car si d'un côté c'est une chose dans laquelle il n'est donné à personne de ne pas déraisonner, de l'autre c'est la chose la plus douce, que d'être fou d'amour. Peut-être vient-il de *mer*, d'où est née la *mère des tendres amours* ou de *l'amer* qui imprègne les douceurs de l'amour. »

« D'après le coryphée des philosophes anciens, l'amour est le désir honnête de l'accouplement (*cœundi*). »

Mais les médecins parfois le définissent : « Cette maladie qui s'insinue entre les jeunes filles et les jeunes gens avec délire au sujet de l'objet aimé et désir honnête de l'union intime. En d'autres termes sont dits aimer ceux qui regardent leur objet comme le bien suprême et désirent lui être unis ou accouplés par l'acte de la génération, non de vive force (*aperto marte*), mais seulement timidement. »

L'amour serait donc une maladie ! « Cette idée, dit Grasset, est commune à Sauvages et à bien des médecins. »

Non ; pas plus au point de vue psychique qu'au point de vue physiologique, nous ne saurions admettre cette affirmation.

Ce n'est pas d'une maladie que naissent un jour dans le cœur du jeune homme et de la jeune fille, les premiers sentiments affectueux, au début timides et réservés, qui surgissent en eux, en correspondance avec une fonction nouvelle, celle-ci essentiellement physiologique et qui exclut toute idée morbide. La puberté n'a jamais été une maladie.

Mais, qu'à l'état physiologique succède l'état morbide, pour une raison quelconque, excès, passion déréglée, continence absolue, etc., soit, mais dire que d'emblée l'amour est une maladie, cela, pour nous, n'est pas admissible.

« L'amour par lui-même et en lui-même est

toujours physiologique : s'il devient patholo-
gique, c'est la faute du *terrain* sur lequel il se
développe. Une idée forte devient une obsession,
quand le sujet n'a pas de résistance morale, quand
il est neurasthénique, par exemple, ou qu'il a une
maladie quelconque de la volonté.

« Donc l'amour n'est pas une maladie par lui-
même.

« C'est une passion physiologique, qui dans certains cas (s'il rencontre un sujet peu résistant)
peut devenir maladie. » (*Grasset.*)

IV

L'acte d'amour est double : il comporte un acte
psychique et un acte physiologique, ayant ce
caractère propre, mais qui leur est particulier, de
pouvoir marcher de pair ou séparément.

Ici, de fait, l'acte psychique peut, pour certaines raisons, dans des conditions déterminées,
être seul en jeu : de même aussi l'acte physiologique. On peut connaître une femme sans l'aimer,
et c'est courant.

N'aimer une femme que par le cœur et par l'intelligence, n'est pas, certes, une chimère. Ah ! sans doute, et on l'a dit avec raison, l'affection avec une femme a ceci de particulier, que les sens n'y sont jamais complètement étrangers ; mais c'est bien ce charme, cet attrait particulier, facteur de la galanterie française, qui la rend plus douce, plus étroite.

Oui, quand les cœurs, les volontés, les intelligences sont vraiment concordants, il s'y joint cette « *émotivité spécifique* » qui donne à l'affection sa saveur et son charme.

Mais, dira-t-on, prenez garde en voulant tirer avec les doigts les marrons du feu de vous les brûler.

Ici-bas, quel bien, quel plaisir peut être acquis sans peine, sans effort ? et l'on n'userait vraiment de rien, si l'on craignait d'abuser de tout.

V

Sauvages admet le phénomène psychique : « c'est par un phénomène psychique (le processus mental des modernes) que l'on regarde l'objet aimé, comme le bien suprême ; c'est par un phé-

nomène psychique que l'on recherche la posses-
sion de cet objet aimé. »

Voilà qui est bien, mais quels sont les éléments,
quel est le processus de ce phénomène psychique,
ce premier temps de l'amour?

Les uns sont sans consistance, et ne survivent
pas souvent à l'espace d'une soirée, papillons
roses qui voltigent autour de l'objet qui captive,
et qui s'appellent l'attrait, le caprice, la grâce,
la séduction, que sais-je; feux follets psychiques
qui, seuls, ne créent rien de stable, peuvent suffire
pour déterminer la passion d'une heure, mais
qui ne sauraient engendrer l'amour, au moins
digne de ce nom.

Que pour d'aucuns légers ou volages, épris
de la forme et incapables de plus longues vues,
cela suffise pour lier deux existences, cela se voit,
mais qu'en espérer de bien ? Autant vouloir cer-
cler une barrique avec des fils de soie.

Un autre élément vient jouer un rôle impor-
tant, et rentre dans le processus mental d'où
naîtra l'acte psychique : les convenances sociales,
les nécessités de la vie.

Celles-ci peuvent maintenir les unions ; mais,

elles ne sauraient suffire pour les rendre intimes, heureuses; c'est ailleurs qu'il faut aller en chercher le secret.

La vie, ici-bas, est faite, il faut le reconnaître, d'impossibilités et de contradictions; nous ne saurions y échapper, mais on peut affirmer sans crainte qu'ici nul bonheur vrai n'est assuré si les cœurs et si les intelligences ne sont point concordants.

Or, qu'arrive-t-il? Le hasard de la vie vous mettra tous deux un jour sur la même route; vous ne songiez à rien. Votre esprit est frappé de la concordance des désirs, des volontés, des sentiments. Puis un rien surgira, un mot, un regard, une phrase presque échappée et vous vous réveillez étonnés de l'affection vivace, profonde qui est en tous les deux; vous êtes vraiment pris.

Qu'ils sont heureux ceux qui ont pareille aventure, car le mot est ici bien de mise tant sont rares dans notre société moderne qui s'éloigne chaque jour de plus en plus de la simplicité, les unions qui ont une aussi belle aurore.

A ce tableau, opposons celui-ci, c'est la formule

courante dans notre bourgeoisie : une rencontre préméditée au théâtre, à l'église, à la promenade. Elle est bien, il n'est pas mal. Quelques visites, où l'on règle les choses importantes, et l'on donne, après, le signal du lâcher : les fiancés sont en présence.

De part et d'autre, grande réserve, grande correction, exquise politesse dont aucun ne démord ; par échappée un tout petit laisser-aller de bon ton ; puis le jour vient où l'on est uni devant Dieu et devant les hommes ; et après minuit l'on est dans les bras l'un de l'autre ! Pour la jeune femme, quelle chute, quel réveil, et souvent quel dégoût !

Quoi d'étonnant, en vérité ? Savait-elle ce qu'était le mariage ; savait-on vraiment ce que l'on était, savait-on vraiment ce que l'on valait, avait-on senti, avant cette heure troublante, le cœur battre assez fort pour avoir le désir vrai d'être tout entier à l'objet aimé, avait-on senti l'écho des intelligences, compris que les volontés seraient unes ? S'aimait-on vraiment ? Ah ! si cela est, le hasard y sera bien pour quelque chose.

Et le hasard, qui est un personnage assez singulier, fait parfois bien les choses. Il y a des unions qui, faites d'une manière si étrange quand on y réfléchit un peu froidement, sont heureuses. Oui, il y en a, mais je n'avancerai pas de pourcentage, j'aurais peur d'une proportion fâcheuse, car un vieux proverbe dit : plus de mariés que de contents. Pourquoi ??

Le point de départ a été faux, l'avenir sera brumeux ; nous en dirons d'autres raisons adéquates à notre sujet.

Tout le bonheur, toute la sécurité de la vie conjugale dépendront pourtant de ce premier acte psychique qui précède les solennels engagements. Avec quelle légèreté pourtant le conduit-on ?

VI

Nous avons dit que l'acte psychique était le premier temps de l'amour, nous avons esquissé son aurore très variée de nuances pour beaucoup ; nous avons à entrer maintenant dans quelques considérations sur l'acte physiologique.

Les physiologistes et quelques philosophes ont voulu ne voir dans l'amour que le désir de la fonction génératrice.

Pour Bain, « l'appétit et le charme personnel sont les éléments constitutifs de l'amour des deux sexes ».

Suivant Sergi, les deux principaux facteurs de l'amour sont : « d'abord le stimuli de la reproduction, et ensuite le sens du toucher, joint à celui de la température, outre le plaisir de l'embrassement comme le veut Bain. »

« Suivant Schopenauer, l'amour se réduirait à une manifestation de l'instinct sexuel qui, sous l'influence de l'inconscient, pousserait irrésistiblement l'un vers l'autre les sujets dont, en raison d'une convenance spéciale, l'union produirait un enfant, réalisant le mieux l'idéal de l'espèce. »

Dans la théorie de Delbœuf, nous retrouvons « le besoin inconscient d'engendrer un enfant avec le choix intelligent, dicté par le spermatozoïde et l'ovule ».

Beaunis donne « une hypothétique interprétation du besoin sexuel de l'instinct », et non une théorie explicative de l'amour.

Mantegazza ne fait pas mieux que les autres philosophes cités, « la distinction nécessaire entre l'amour et les émotions qui, servant d'exécution au simple désir sexuel, semblent, en le renforçant, le transformer dans son essence ».

Von Hartmann a fort bien montré « que les sens peuvent expliquer le désir de la jouissance sexuelle, de quelque nature qu'elle soit, mais en aucune façon de l'amour des sexes ».

Danville critique fort justement ces systèmes, et ajoute : « Il nous est difficile d'accorder à l'instinct sexuel un rôle aussi prépondérant dans l'amour. Il est peu vraisemblable que la procréation d'une génération future soit le mobile unique d'une passion aussi complexe que l'est la passion amoureuse », et pour confirmer cette remarque, Danville soutient et démontre qu'il existe dans l'amour une « entité émotive spécifique », un « processus mental spécial ».

Sauvages également avait déjà bien compris l'existence, l'importance, la prééminence du phénomène psychique dans l'amour, d'un phénomène psychique spécial, ayant ses caractères propres.

Certes, les désirs charnels qui entrent en jeu dans les caresses intimes sont un élément de l'amour, mais ils n'en sont qu'un élément. « Il y a un phénomène psychique avec ses stigmates spéciaux bien définis qui caractérise et définit l'amour : état particulier propre à l'homme puisqu'il est distinct du désir sexuel » (*Grasset*).

« Si le phénomène psychique est capital et méritait d'être souligné dans l'amour, il n'est pas tout. Il y a une participation physique incontestable, c'est un phénomène psycho-physiologique », dit Grasset, expression très heureuse et très juste.

C'est bien ainsi que l'avait compris Sauvages. Il avait mis à sa place ce qu'on pourrait appeler l'élément plastique dans le mécanisme de la production de l'amour. Il n'en exagérait pas la portée, et n'en faisait pas l'élément unique ou essentiel, comme les philosophes que nous avons cités, et se gardait des exagérations de Danville, seulement nous répudions d'une manière absolue son idée d'avoir donné une place à l'amour dans sa *Nosologie méthodique*. Encore une fois, que de l'amour puisse naître un état morbide, c'est très certain, mais primitivement l'amour n'est pas une maladie.

Comment Sauvages a-t-il pu voir dans l'amour un état morbide ? Selon nous, par un artifice d'idées assez naturel. Il a vu que l'amour pouvait être étudié systématiquement, et décrit par un médecin dans ses causes, ses symptômes, son diagnostic, son pronostic et son traitement ; oui, certes, une telle vue de l'esprit est possible, mais est-ce une raison pour conclure qu'une fonction aussi naturelle puisse en elle-même être une maladie ? Non, certes.

Ces remarques me paraissent suffire pour établir ce qu'est et ce que doit être l'amour : un acte premier émanant du cœur et de l'intelligence, acte psychique, seule base solide si l'on veut trouver le bonheur au foyer, et celui-ci venant se compléter par le doux commerce des sens.

Comment le comprend-on ? Comment y répond-on dans la vie ? La lettre suivante complétera notre pensée.

VII

Lettre ouverte à un ami.

« MON CHER AMI,

« Je vais essayer de répondre à tes remarques et

confidences, profitant de mon expérience acquise
par les années.

« En pensant que les jeunes filles auraient beaucoup à gagner à être plus instruites des devoirs du
mariage, lorsque celui-ci est décidé, j'estime que
tu fais une remarque fort juste. Elles arrivent là très
ébaubies, et leurs réserves pourraient être prises
par leur mari pour de la froideur ou de l'indifférence, et ceux-ci pourraient en conclure qu'elles
ne l'aiment pas.

« Une jeune femme étonnée et indécise en face des
libertés de son mari, reçut un jour de lui ce mot très
profond : mais tu ne m'aimes donc pas ? Et cela est
vrai, car la femme s'abandonne en proportion de
son affection. Comme elles le savent bien celles
qui ont ce rarissime bonheur d'aimer pleinement !

« Il n'en est pas ainsi ; alors qu'arrive-t-il ? Ce
n'est plus l'amour qui devient le mobile de leur
conduite, mais le devoir. Pour l'intimité conjugale, quelle différence !

« Combien de femmes, mon cher ami, comprennent excellemment leur rôle de mère mais incom-
plètement leur rôle de femme. Ici, l'amour
déborde, là c'est à peine si le mot est de mise. Le

mari n'a-t-il pas été pourtant le premier amour ?

« Mais, hélas ! combien se marient sans vraiment le connaître. On fait, nous l'avons exposé, des mariages de convenances, de raison ; et l'amour, bagatelle ! cela viendra après ou jamais. La femme n'a plus alors qu'un objectif, la maternité, et le mari n'est qu'un moyen.

« L'homme rêve moins de paternité. Dieu l'a créé avec des besoins sensuels très impératifs ; la femme doit le savoir et en tenir compte ; d'autant plus que l'indifférence sexuelle est la règle chez les femmes ; et qu'ici c'est le devoir qui les guide plus assurément que le désir ou le besoin. Ah ! s'il n'y avait que moi, disent-elles souvent. L'exception n'infirme pas la règle ; je ne mets pas en jeu ce que peut amener à faire le caprice, la coquetterie ou l'intérêt.

« L'homme, mon cher ami, a deux devoirs rigoureux à remplir : le travail et la fidélité conjugale : volontiers, il accomplit le premier ; plus difficilement, et par raison, et par esprit du devoir, le second. De cela, les femmes doivent être pénétrées ; elles doivent donc éviter la froideur, l'indifférence, à plus forte raison l'hostilité, l'esprit de domination qui serait un anachronisme, car elles ouvriraient ainsi elles-mêmes la porte à l'infidélité conjugale, et celle-ci ouverte, difficilement elle se referme. Combien de maris éloignés de leur foyer par la froideur, l'indifférence ou la pruderie de leur femme !

« Toute femme devrait avoir assez de tact pour être un peu la maîtresse de son mari et lui éviter ainsi bien des tentations, proportionnant, suivant le caractère de chacun, les marques d'affection et d'épanchement.

« Elles devraient être convaincues que le mari rentrant au logis, soucieux, harassé des lourdes charges du dehors, a besoin de trouver au retour une main qui se tende vers lui, un regard accueillant, quelquefois même des lèvres qui demandent un baiser. C'est de l'idyllisme, me diras-tu ; non, c'est de la vie très réelle, très pratique et très bonne lorsqu'on sait, ou on veut le comprendre. Dans tout cela il y a, évidemment, une question de mesure et d'opportunité, mais cette remarque reste foncièrement vraie.

« Enfin, mon cher ami, il ne faut pas que certaines idées viennent se mettre en tiers entre le mari et la femme. Le décalogue corroboré par la loi civile est la règle de conduite, mais, de grâce, laissons de côté le reste. Il s'agit ici d'allumer et d'entretenir le feu, peu importe la braise dont on se servira. Pas de pruderie, ni de bigoterie, du franc laisser-aller, ou alors, que l'on ne se marie pas.

« Si Dieu en créant l'homme a voulu qu'il trouvât tant d'attraits dans les caresses intimes, il a eu en vue, sans doute, la procréation de l'espèce, mais aussi il a voulu donner à l'homme une des sources de satisfaction dans la vie, et attacher par un lien particulier l'homme à la femme.

« Voici ce qu'écrivait Marie-Thérèse d'Autriche, à Marie-Antoinette avant son mariage :

« Du Dauphin je ne vous dis rien, vous connaissez ma délicatesse sur ce point ; la femme doit être soumise à son mari, et ne doit avoir aucune occupation que de lui plaire et de faire sa volonté. Le seul vrai bonheur dans ce monde est un heureux mariage, j'en peux parler. Tout dépend de la femme, si elle est *complaisante, douce et amusante* » (1). Ces trois mots n'ont

(1) *Marie-Antoinette Dauphine,* par de Nolhac, 1897.

besoin d'aucun commentaire, ils sont tout un enseignement ; et nous ne plaidons pas *pro domo nostra*, puisque c'est une femme qui les a écrits.

« Toutes choses, hélas! en ce monde, même les meilleures, ont souvent le pire destin ; et nous ne faisons nul obstacle de reconnaître qu'une femme avec de telles qualités peut rencontrer un mari qui ne saura ni comprendre ni apprécier d'aussi aimables qualités ; je suis, mon cher ami, assez juste pour le reconnaître et l'écrire. Et l'exemple est ici frappant ; quelle plus disparate nature que celle du Dauphin et de Marie-Antoinette ! Le psychique n'était certes pas ici en corrélation, alors comment s'aimer?

« Amédée de Margerie a été quelque part plus sévère encore, en écrivant que l'homme avait « plus à recevoir qu'à donner ». Combien dure cette phrase à bien des oreilles féminines! Bien peu, souvent la comprennent, ou plus encore, ne veulent pas la comprendre. Souvent chez elles, question d'amour-propre bien mal placé ; mais encore cela vient de ce que leur affection n'est pas entière, profonde. De quoi la femme n'est-

elle pas capable quand elle aime. Quand cela
est, comme tout lui paraît autre !

« Permets-moi une anecdote que je tiens de l'un
de mes amis. Un jeune mari frappé de la froideur
de sa femme lorsqu'il rentrait au logis, ne put un
jour, très amicalement, s'empêcher de lui en faire
la remarque. Jamais, lui dit-il, tu ne viens au-
devant de moi, tu n'as un mot de prévenances !

« Eh quoi ! lui répondit-elle, et si tu n'agréais pas
mes prévenances ? La réponse supposait peu de
cœur, et moins de bon sens, encore ; admettant
que le mari n'eût pas répondu à ce témoignage
aimable, la femme eût eu pour elle d'être restée
dans son rôle ; et elle eût pu justement lui dire :
Est-ce donc ainsi que vous m'aimez ?

« Je ne sais, mon cher ami, mais vraiment il me
semble difficile d'admettre qu'un mari bien élevé,
alors même que, par son tempérament froid, et
il y en a, n'eût pas aimé les muguetteries, eût
pu répondre par une parole désobligeante à
d'aussi aimables et délicates prévenances.

« Aimer et être aimé, c'est le secret du bonheur
de la vie. « Le seul vrai bonheur dans ce monde
est un heureux mariage. Tout dépend de la

femme. » Les femmes ont donc ici le grand rôle. Bien souvent, il faut le reconnaître, elles sont la cause première de la mésintelligence dans les foyers. Elles outrepassent trop fréquemment la malice qui, disent-elles, est leur défense contre la force de l'homme.

« Amour ! Ah ! certes, le mot est joli et la chose est douce ; et qui ne l'a dit avec élan, parfois avec sincérité au jour des fiançailles ; mais le désenchantement suit de près parfois, aussi la sagesse et l'expérience ajoutent : mutuelles concessions. De celles-ci, sans doute, ou plus ou moins, mais toujours elles s'imposent.

« Tout cela, mon cher ami, je ne le dissimule pas, suppose un amour vrai, des qualités sérieuses chez la femme et souvent une certaine abnégation. Mais il s'agit ici du bonheur du foyer, et, je le répète, c'est surtout de la femme qu'il dépend : ceci est d'une irréfutable vérité.

« Comprends-tu combien il est nécessaire qu'elle aime pour que, guidée par son affection, elle soit prête à mettre ses actes à la hauteur des nécessités voulues ?

« Or, quand la femme n'aime pas, elle ne fait

rien qui vaille. C'est de son cœur que naissent
tous les mobiles des actes de sa vie. Quand elle
aime, elle se donne sans réserves, s'effarouche
peu du reste et est prête à tous les sacrifices.

« D'où, n'est-ce pas, la nécessité de cette correspondance dans l'affection, dans le caractère, mais
combien rare! Qui n'a eu sa lune de miel, au
lendemain de l'hyménée, vertige momentané des
sens, mais les cœurs ne battaient point, et l'on
est vite retombé dans la banalité, dans l'indifférence, et les conséquences en découlent, ou
silencieuses, ou éclatantes. Voilà ce qui est trop
fréquent dans la vie.

. . . .

. . . .

VIII

« Mais, me diras-tu, voilà le rôle de la femme
largement dessiné; mais l'homme, n'a-t-il pas
aussi le sien, souvent délicat?

« J'ai dit plus haut que celui-ci avait deux
devoirs à remplir, le travail et la fidélité conjugale, et j'ajoute sans crainte que s'il les remplit,

la femme doit être prête à tous les sacrifices qui naîtraient des différences de goût et de caractère.

« Mais, j'ai dit que pour avoir un ménage heureux, vraiment uni, il fallait avant tout acquérir sa confiance, gagner son affection. La femme veut aimer d'abord, pour pouvoir se donner ensuite ; or, les heures premières de l'hyménée sont assez troublantes pour la jeune femme, et d'elles souvent dépendra son attitude future.

« Il faut revenir ici à la distinction que j'ai faite sur l'origine du mariage : vous avez fait une demande parce que vous étiez épris tous deux. Alors quel charme, quelle douceur, quel délicieux abandon entre les fiancés? Entre eux, plus grande liberté, plus grande confiance, moins de convenus ou d'équivoques, de la pleine franchise ; et, dans ces conditions, lorsqu'après minuit, l'on est dans les bras l'un de l'autre, nul doute que l'affection profonde ne masque pour la jeune femme tout l'étrange ou toute la vulgarité du reste.

« Dans le second mariage, peut-il en être ainsi? Une recherche née de convenances sociales, suivie d'une présentation aussi officielle que froide, des relations qui s'établissent ensuite, et où chacun

vient là pour apprendre à s'aimer, bonne volonté
de part et d'autre, grande correction, peu d'abandon, et vient après tout cela le jour de l'hyménée !

« Or, la jeune femme a vingt ans, le mariage est
pour elle un idéal, presque un roman qu'elle se
propose de mettre en action. Elle est vierge, les
sens n'ont éveillé en elle aucun désir charnel;
alors comment prendra-t-elle le devoir des époux ?
Gagnée par la discrétion, par la délicatesse, la
femme s'abandonnera, et elle arrivera peu à peu à
mieux aimer, et pour la femme, aimer c'est se
livrer.

« Dans ces mariages, l'amitié existe souvent, et
avec sincérité, mais l'affection n'est pas encore
profonde.

« Si l'on veut le bonheur, il faut le faire naître,
et l'homme a un rôle délicat, difficile quelquefois,
mais s'il ne sait comprendre ces nuances, ces
réserves nécessaires, il laissera d'amères impres-
sions qui retentiront peut-être pour toujours, et
ne s'oublieront pas. Avec du tact, on se verra peu
à peu mieux compris et l'on sentira un jour à
un abandon plus franc qu'enfin on a con-
quis la véritable tendresse. Puis encore, qu'on ne

le méconnaisse point, ce n'est pas à vingt ans, mais après un certain temps, après un certain âge que la femme s'attache vraiment à l'homme, et lui devient plus familière.

« Comment un tel changement s'opère-t-il? Modification du tempérament, perte de l'idéal par l'expérience de la vie, intelligence plus complète de l'homme, parfois même, le sentiment de la maternité qui fait naître chez certaines femmes une affection très vive pour leur mari, et les aimant mieux, elles se donnent mieux, toutes raisons que l'expérience confirme et qui expliquent certains faits de la vie qui, à première vue, paraissent étranges.

« Une dernière remarque, mon cher ami, grave et délicate assurément. Nos jeunes filles françaises, destinées à faire demain des épouses, prennent-elles assez contact avec la vie? Par une éducation un peu plus libérale, par une vie plus indépendante, ne se formeraient-elles pas mieux l'esprit, qui plus fort, mieux trempé, les rendrait plus aptes à remplir leur rôle de femmes, et éloignerait ainsi du foyer bien des déconvenues.

« J'incline à le penser. Ce serait une source de

dangers, peut-être? mais j'ai toujours été de ceux qui ont aimé le péril pour avoir la satisfaction du triomphe dans l'honneur et dans la vertu. On ferait ainsi de plus mâle courage, l'on aurait des femmes qui vous comprendraient mieux et vous aimeraient davantage ; la vie sociale ne ferait qu'y gagner.

« Ce que l'on voit dans la classe ouvrière tend à le confirmer. Là on trouve plus de sincères affections que dans la bourgeoisie, on est plus nature et c'est la bonne manière. On ne se voile pas la face pour un sein nu ou des épaules découvertes, on s'aime plus, on se recherche davantage, le laisser-aller est plus grand, et les enfants sont plus nombreux.

« Tout ce qui précède, mon cher ami, ne tend qu'à corroborer l'excellence de la conception de Sauvages, seule vraie, et infirmant la conception grossière et fausse des philosophes cités.

« Oui, l'amour vrai, digne de ce nom, naît d'abord de la sympathique union des cœurs, des intelligences et des volontés ; il faut semer l'affection pour récolter la tendresse ; et il faut y joindre le doux commerce des sens, ce lien qui

unit et relie si vraiment, et crée l'intimité complète.

« Pour que tout cela reste dans une heureuse har-
monie il faut de la part de l'homme, tact, délicatesse,
travail, fidélité ; de la part de la femme, prévenances,
soumission, accueil bienveillant, franc abandon
en toutes choses intimes, et de l'ordre au foyer.
Avec tout cela encore, mutuelles concessions, car,
je le répète, ici, sans doute, ou plus ou moins,
mais toujours, elles s'imposent ; car si deux feuilles
ne se ressemblent jamais, deux caractères, si sem-
blables soient-ils, ne seront jamais identiques ; la
différence du sexe seule amenant de plus ici des
concepts différents. »

HAVRE. — IMPRIMERIE DU COMMERCE, 3, RUE DE LA BOURSE.